LEIF ERICSON
ET LA DÉCOUVERTE DE L'AMÉRIQUE

—— Un Viking en route
pour le Canada

par Julie Lorang

50MINUTES

Avec la collaboration de Thomas Jacquemin

LEIF ERICSON

- **Naissance ?** Vers 970, probablement en Islande
- **Mort ?** Vers 1020, probablement au Groenland
- **Buts de l'expédition ?**
  - Fondation d'une colonie
  - Recherche de nouvelles richesses
- **Régions du monde explorées ?** Les côtes du Labrador et Terre-Neuve (Canada)
- **Découverte notoire ?** L'Amérique près de 500 ans avant Christophe Colomb

Leif Ericson (Leif Eriksson ou encore Leif Erikson) est un navigateur viking, qui s'est établi en Islande puis au Groenland et qui aurait découvert l'Amérique vers l'an mil de notre ère, soit près de 500 ans avant Christophe Colomb (navigateur génois, 1450/1451-1506).

Contrairement à la croyance populaire qui les associe souvent à des pillards, les Vikings ont été de grands explorateurs et d'habiles commerçants, qui ont établi des colonies en Europe, en Méditerranée, le long de la mer Noire et ce jusqu'en Amérique du Nord. La supériorité technologique de leurs navires capables d'affronter les océans et leur sens affiné de l'orientation, acquis au fil des générations, leur a permis de devancer le reste de l'Europe dans le domaine de la navigation et de s'aventurer sur des terres encore inexplorées.

Leif Ericson et ses hommes découvrent Vinland, une terre riche et abondante située au nord-est du Canada, sur l'île de Terre-Neuve. Les Vikings s'y établissent durant quelques années, avant de devoir renoncer à ses richesses en raison de la présence de populations amérindiennes. Cette découverte, incroyable pour l'époque, a pourtant été oubliée durant près de neuf siècles, avant que les historiens et les archéologues ne s'intéressent à nouveau aux sagas scandinaves, qui retracent le parcours hors norme de ce grand explorateur.

BIOGRAPHIE

UNE VIE CONNUE GRÂCE AUX SAGAS SCANDINAVES

La vie de Leif Ericson et ses actions ne nous sont connues qu'au travers des sagas scandinaves. Ces récits, écrits en prose, relatent les grands événements et les faits marquants de quelques personnalités vikings. Transmis et transformés durant plusieurs générations oralement, les textes ont été transposés par écrit vers 1250. Deux sagas nous renseignent sur la vie de Leif Ericson :

* *La Saga d'Éric le Rouge* ;
* *La Saga des Groenlandais.*

Ces deux textes sont une source précieuse d'informations, bien qu'ils divergent et se contredisent parfois.

UNE ENFANCE EN EXIL

Leif Ericson serait né vers 970, probablement en Islande. Ses parents sont Thjodhild et Éric le Rouge, de son vrai nom Erik Thorvaldson (vers 930-1003), qui doit ce surnom à sa chevelure rousse. La famille, originaire de Norvège, s'installe sur cette île suite aux crimes de sang commis par le grand-père de Leif Ericson, Thorvald Asvaldsson, contraint à s'exiler avec les siens.

Dix ans plus tard, l'histoire se répète lorsqu'Éric le Rouge se querelle avec un groupe d'Islandais, qu'il finit par tuer. La famille est à nouveau bannie, et tente alors sa chance vers l'Ouest. C'est ainsi qu'Éric le Rouge découvre le sud du Groenland, où il fonde une première colonie européenne. Dans l'espoir d'attirer davantage de colons, le chef viking nomme cette île « terre verte » (*groen-land*), malgré la rudesse de son climat. Leif Ericson, qui n'est alors qu'un enfant, devient ainsi le fils de l'homme le plus riche et le plus craint de la petite colonie groenlandaise.

LA DÉCOUVERTE DU CHRISTIANISME

Devenu un homme, Leif Ericson effectue un premier voyage qui le mène dans les Hébrides, un archipel situé au nord-ouest de l'Écosse, et sur sa terre d'origine, la Norvège. Au cours de son voyage, il rencontre une noble dame, Thorgunna, et lui donne un fils, Thorgils.

Le Viking se rend ensuite à la cour du roi norvégien Olaf Ier (vers 963-1000), dont il devient l'un des plus proches chevaliers. Influencé par ce roi qui a entrepris de christianiser l'ensemble de la Norvège, Leif Ericson renonce aux dieux païens et se convertit à cette nouvelle religion.

À la demande d'Olaf Ier, le jeune homme accepte d'emmener des missionnaires chrétiens au Groenland afin d'y faire connaître ce nouveau culte. Sur place, il fait construire la première église du territoire groenlandais, et ce malgré le mécontentement de son père, attaché aux divinités anciennes.

UNE RUMEUR À LA SOURCE
DE SON EXPÉDITION

Vers l'an mil, Leif Ericson prend connaissance d'une rumeur qui secoue la petite colonie. Un certain Bjarni Herjolfsson (navigateur islandais, vers 965-vers 1000) se serait perdu en mer, alors qu'il péchait, quelque part entre l'Islande et le Groenland. Son navire aurait dévié vers l'ouest, où il aurait aperçu une terre encore inconnue. Intrigué, Leif Ericson décide de se lancer à la recherche de ce nouveau pays, grâce aux indications dudit pêcheur, finalement rentré à bon port.

Accompagné de 35 hommes, il met le cap sur l'ouest et y découvre rapidement le territoire convoité, qu'il nomme Vinland (correspond aujourd'hui à Terre-Neuve). Ce faisant, Leif Ericson devient le premier Européen à fouler le sol américain, et ce bien avant la découverte de l'Amérique par Christophe Colomb (1492). Malgré les nombreuses richesses dont regorge cette nouvelle terre, il n'y reste que quelques mois avant de rentrer au Groenland, peut-être afin d'y prendre la direction de la colonie de son père.

Quelques années plus tard, probablement vers 1020, Leif Ericson décède parmi les siens. Il aurait transmis son domaine à son second fils, Thorkell.

CONTEXTE POLITIQUE, SOCIAL ET ÉCONOMIQUE

Cette incroyable découverte de l'Amérique par Leif Ericson près de 500 ans avant Christophe Colomb n'a été possible que grâce à la supériorité technologique des Vikings dans le domaine de la navigation. Bien loin de la place qui leur est souvent accordée dans l'imaginaire collectif, les Vikings sont de grands explorateurs et navigateurs, dont les navires présentent une sophistication encore inégalée dans le reste du continent européen.

VOUS AVEZ DIT VIKING ?

Les Vikings ou Normands, c'est-à-dire les « hommes du Nord » comme ils étaient appelés autrefois, sont des populations de navigateurs, de commerçants et de pirates qui ont vécu entre le VIIIe et le XIe siècle. Ils sont originaires des pays scandinaves (Danemark, Norvège et Suède), mais ont également colonisé diverses régions en Europe, en Méditerranée, aux abords de la mer Noire et ce jusqu'en Amérique du Nord.

Le terme « viking » tire son origine du vieux norrois (langue ancienne parlée en Scandinavie et en Islande) et fait référence aux expéditions maritimes entreprises par ces navigateurs chevronnés.

Les historiens qualifient d'« âge viking » les quelques siècles (environ de 700 à 1100 de notre ère) durant lesquels de nombreux Vikings ont quitté leur Scandinavie natale afin de trouver de nouvelles terres et richesses. Cet âge prend fin à la suite de l'affirmation, en Scandinavie, de pouvoirs monarchiques centralisateurs et de leur conversion au christianisme. Les Vikings perdent alors progressivement leurs rites et coutumes pour embrasser un mode de vie semblable à celui du reste de l'Europe médiévale.

UN PEUPLE DE COMMERÇANTS...

La vie du Viking est avant tout rythmée par les saisons : agriculteur en hiver, il devient navigateur et commerçant en été, lorsque la météo se fait plus clémente. Pour ces populations nordiques, le commerce est nécessaire afin de se procurer certains produits introuvables en Scandinavie, comme les épices, la soie, le vin, ou encore l'argent. En contrepartie, les Vikings exportent des marchandises comme le bois, la laine, le fer, le miel, le poisson, l'étain ou encore l'ivoire de morse.

Les Vikings pratiquent ainsi le commerce avec les Européens, mais aussi avec les Arabes et les populations slaves de Russie. Cependant, en Europe continentale, certains marchands chrétiens se montrent réticents à l'idée de commercer avec eux, du fait de leur croyance en des divinités païennes. Toutefois, les Vikings n'hésitent pas à recourir à la force pour s'emparer de ce dont ils ont besoin. En effet, les raids font partie intégrante des mœurs nordiques et ces pirates païens n'ont aucun scrupule à s'attaquer aux églises, couvents, monastères et autres lieux de culte qui regorgent de richesses. Ces raids sèment également la terreur parmi la population qui n'est pas épargnée.

Ailleurs, le commerce est plus paisible et quelques groupes de Vikings s'implantent plus durablement dans certaines régions. Des comptoirs commerciaux et des fermes sont ainsi établis en Angleterre, en Écosse, en Irlande ainsi que dans les îles Féroé (ancien archipel situé entre la mer de Norvège et l'océan Atlantique Nord). Ce goût du voyage et de la découverte devient une tradition familiale et des générations entières se déplacent de terre en terre. La famille de Leif Ericson n'échappe pas à la règle de cette tradition du voyage et y excelle même.

... ET DE GRANDS NAVIGATEURS

Si les Vikings ont entrepris de telles expéditions à une époque où les navigateurs européens osent à peine s'éloigner des côtes pour naviguer sur les océans, c'est qu'ils jouissent de navires plus performants, mais également d'une grande connaissance de la mer acquise au fil des générations.

Les Vikings sont bien entendu célèbres pour leurs drakkars, légendaires bateaux aux têtes de dragons sculptées à la proue et à la poupe. Leur avancée technologique repose essentiellement sur la très bonne compréhension du fonctionnement de leurs navires et de l'utilisation maximale de leur potentiel. Les hommes du Nord utilisent deux types de bateaux très différents, en fonction du but (commerce ou guerre) et du contexte (fleuve ou océan) de leur expédition :

- le *langskip*, le « bateau de guerre », long et fin, est utilisé pour remonter les fleuves. Sa forme élancée lui permet d'atteindre une vitesse importante, utile pour les raids éclair ;
- le *knorr*, ou « bateau de mer », est un navire bien différent du précédent. Plus large et plus lourd, il est aussi plus robuste et plus à même d'affronter les océans. Sa voile amovible permet en outre de prendre un vent favorable et de voyager relativement vite pour l'époque. C'est d'ailleurs à bord d'un *knorr* que l'équipage de Leif Ericson navigue jusqu'en Amérique du Nord.

Outre ce bon équipement, les Vikings sont également passés maîtres dans l'observation et l'orientation. En effet, ils parviennent à se repérer grâce à l'examen minutieux de la position des étoiles et du soleil ou encore de la couleur de l'eau. Il leur arrive également de lâcher des oiseaux en haute mer afin de les suivre jusqu'à la terre la plus proche. Les Vikings sont bel et bien en avance sur le reste de l'Europe, puisqu'il faut attendre le XVe siècle et Henri le Navigateur (prince portugais, 1394-1460) afin que les Européens aient les capacités technologiques nécessaires pour s'éloigner des côtes et entreprendre l'exploration de nouvelles terres.

L'EXPÉDITION

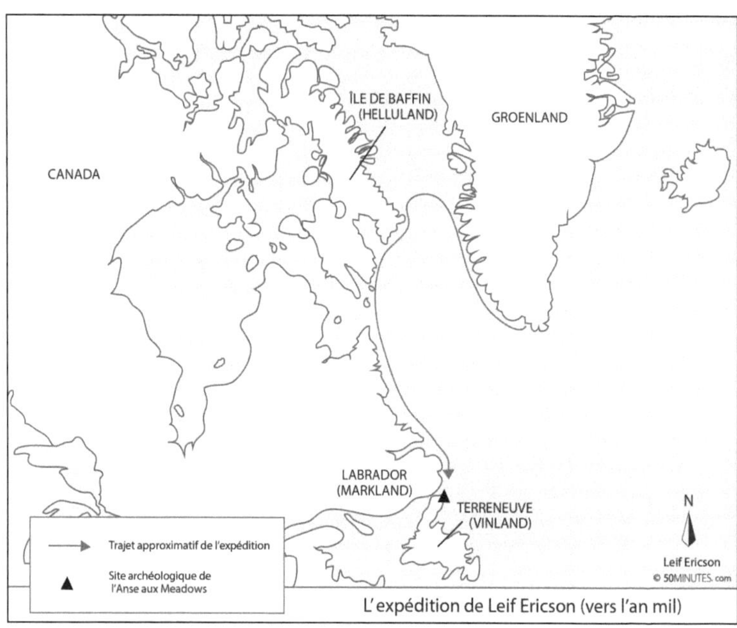

L'expédition de Leif Ericson (vers l'an mil)

À LA RECHERCHE DE NOUVELLES RICHESSES

Le voyage de Leif Ericson, qui nous est connu grâce aux sagas scandinaves, complète un mouvement colonisateur entrepris par plusieurs
générations de la famille Ericson en direction de l'ouest.

L'idée de ce voyage germe dans l'esprit de Leif Ericson à son retour
de Norvège, lorsqu'il entend parler de la découverte d'une terre
inconnue par un pêcheur égaré, Bjanri Herjoltsson. Pour le fils d'Éric
le Rouge, l'enjeu d'une telle expédition est double :

- la découverte d'une nouvelle terre à coloniser lui permettrait d'égaler, voire de dépasser les exploits de son grand-père et de son père, qui se sont respectivement établis sur des terres encore vierges en Islande et au Groenland. En réitérant l'exploit de ses ancêtres, Leif Ericson est assuré de se couvrir de gloire et de marquer l'histoire viking de son nom ;
- le Groenland n'est pas une terre accueillante et les conditions de vie y sont très difficiles. En effet, cette île, située de part et d'autre du cercle polaire, est un territoire hostile : les jours y sont très courts en hiver ; il y fait extrêmement froid, et surtout, il n'y pousse pratiquement aucun arbre. Pourtant, le bois est une denrée extrêmement précieuse pour les Vikings, qui l'utilisent pour construire leurs maisons et leurs navires, et l'importation de bois depuis l'Europe est coûteuse pour la petite colonie groenlandaise. La découverte d'une nouvelle terre boisée, plus proche du Groenland, serait donc un atout économique majeur.

Autour de l'an mil, Leif Ericson choisit 35 hommes d'équipage, dont le pêcheur Bjanri Herjoltsson pour prendre la mer.

UN PEUPLE SUPERSTITIEUX

Les Vikings sont extrêmement superstitieux et Éric le Rouge n'échappe pas à la règle. Les sagas racontent que le jour du grand départ, le père de Leif Ericson chevauche avec le reste du groupe vers le lieu d'embarquement lorsque, soudain, il tombe de son cheval et se blesse à la jambe. Interprétant cet incident comme un signe néfaste, il préfère renoncer au voyage et rester au Groenland.

UN NAVIRE VIKING EN ROUTE POUR L'AMÉRIQUE

Les sagas ne s'attardent pas sur le voyage en mer de Leif Ericson. Les textes relatent seulement le fait que l'équipage de 35 hommes aurait navigué durant 6 jours, grâce à un vent favorable. Pour autant, le voyage n'a pas dû être de tout repos : il a fallu éviter les icebergs, affronter les vents et se contenter de bière et de plats froids durant la traversée.

Leif Ericson et ses hommes ont fait plusieurs arrêts le long de la côte canadienne avant de s'établir sur une terre qui leur convenait. Les sagas racontent ainsi que l'équipage accoste sur une terre rocheuse et désolée, qu'il nomme « Helluland », c'est-à-dire « pays des pierres », et qui pourrait correspondre à la description de l'actuelle île de Baffin, au nord du Canada. Probablement en raison du caractère hostile de cette région rocheuse et glaciale, l'équipage ne s'y installe pas et poursuit sa route vers le sud, longeant les côtes du Labrador. Il s'y arrête et lui donne le nom de « Markland », autrement dit « pays des forêts ». Finalement, après deux jours supplémentaires de voyage, les Vikings atteignent enfin une terre qui leur paraît offrir toutes les richesses rêvées et décident de s'y installer pour l'hiver : il s'agit de Vinland.

La traversée n'a été possible que grâce au *knorr*, assez solide pour s'éloigner des côtes et affronter les océans. En 1996, le capitaine danois Gunnar Marel Eggertsson a voulu reconstruire un navire viking à l'identique, selon des techniques anciennes, afin d'en étudier les capacités et de prouver la véracité du voyage de Leif Ericson. Pour ce faire, il s'est inspiré des épaves retrouvées par les archéologues. Ainsi naît l'*Islendigur*, un navire de 22,5 mètres de long pour 5,3 mètres de large, qui pèse plus de 18 tonnes. Ce bateau, fabriqué en bois de chêne scandinave, a nécessité l'utilisation de plus de 5 000 clous.

En 2000, à l'occasion du millénaire de la découverte de l'Amérique par Leif Ericson, Gunnar Marel Eggertsson décide de se lancer sur les mers à bord de l'*Islendigur* afin de relier l'Islande aux côtes canadiennes dans les mêmes conditions que l'explorateur viking. L'équipage composé de 9 hommes quitte Reykjavik (Islande) le 17 juin 2000, pour arriver à Terre-Neuve, le 28 juillet de la même année. Ce voyage, plus long que la traversée de Leif Ericson, s'explique par les nombreux arrêts de l'équipage en divers lieux en Islande, au Groenland et au Canada afin de célébrer des commémorations. Le navire continue ensuite sa route vers le sud et arrive à New York le 5 octobre 2000, bien qu'aucun Viking n'ait probablement jamais atteint cette région.

VINLAND

Après un passage par les pays de Helluland et de Markland, l'équipage arrive à Vinland. Leif Ericson choisit cette terre accueillante pour s'y établir pendant les mois d'hiver à venir. Les avantages y sont nombreux : les jours y sont plus longs en hiver et il y fait moins froid qu'au Groenland. De plus, les rivières regorgent de saumons et les forêts abondent en gibier. Qui plus est, les Vikings y trouvent la matière première tant convoitée : le bois, nécessaire à la construction de leurs maisons et de leurs navires. Toutes les conditions sont ainsi réunies pour attirer ce groupe d'hommes, habitués à la rudesse et à la froideur des terres groenlandaises.

Quelle est précisément cette terre sur laquelle Leif Ericson et ses hommes se sont installés ? Les historiens se sont penchés sur la description qu'en ont fait les Vikings et ont étudié la route qu'ils auraient pu emprunter. Il paraît aujourd'hui vraisemblable que l'équipage ait d'abord rejoint l'île de Baffin – qu'ils appellent « Helluland » –, avant de longer les côtes du Labrador – Markland – et de s'installer à Vinland, qui correspondrait à l'île de Terre-Neuve, où un campement viking a été découvert sur le site archéologique de L'Anse aux

Meadows. Le nom *Vinland* signifierait « pays de la vigne » et aurait été donné par un membre de l'équipage suite à la découverte sur place de grappes de raisin.

Malgré les richesses de cette nouvelle terre, Leif Ericson n'y serait resté que quelques mois, avant de retourner au Groenland, peut-être pour y reprendre le domaine de son père, Éric le Rouge. Peu de choses sont malheureusement connues à propos de cette première colonie européenne établie sur le sol américain. Cependant, les sagas expliquent que deux groupes auraient été formés parmi les Vikings : le premier serait resté au camp afin de pêcher et de chasser, tandis que le second aurait eu pour rôle d'explorer les environs. Nous ignorons jusqu'où ce second groupe a pu s'aventurer, mais certains historiens ont émis l'hypothèse que les Vikings auraient pu atteindre l'actuelle frontière américaine. En effet, la découverte de noix provenant de noyers cendrés, un arbre qui pousse exclusivement au sud du Canada et au nord des États-Unis, dans le campement viking de L'Anse aux Meadows, tendrait à prouver que les hommes de Leif Ericson ont pu atteindre des régions bien plus méridionales que Terre-Neuve. Malheureusement, à l'heure actuelle, aucune autre découverte n'a pu corroborer cette hypothèse.

Après le retour de Leif Ericson au Groenland, plusieurs équipes de colonisation, composées d'hommes, de femmes et d'enfants, se seraient aventurées à Vinland pour y profiter de ses nombreuses richesses. Les sagas racontent que les populations vikings installées sur le nouveau continent seraient entrées en contact avec les populations amérindiennes locales. Les deux groupes auraient alors commercé ensemble, jusqu'à ce qu'une dispute éclate et déclenche une guerre entre Amérindiens et Vikings. Effrayés, ces derniers préfèrent abandonner les riches terres de Vinland et rentrer chez eux. Ainsi, après seulement quelques années d'occupation, les Vikings quittent l'Amérique du Nord et retournent sur leurs terres inhospitalières du Groenland, abandonnant dès lors tout espoir de coloniser le nouveau continent et de s'y implanter durablement.

RÉPERCUSSIONS

La découverte de l'Amérique par les Vikings est restée relativement confidentielle et aurait même été oubliée si les sagas scandinaves n'avaient pas loué l'exploit. Comment expliquer que cet événement historique majeur soit passé pratiquement inaperçu en comparaison avec la « redécouverte » du continent par Christophe Colomb, en 1492 ? Plusieurs facteurs permettent de le comprendre :

- le manque de moyens de l'expédition. Leif Ericson quitte la petite colonie groenlandaise de son père avec 35 hommes d'équipage. Contrairement à son successeur, Christophe Colomb, qui sera financé par les rois espagnols, le Viking dispose de moyens matériels et financiers réduits ;
- le caractère éphémère de la colonisation. Malgré les richesses de Vinland, les Vikings ne restent pas longtemps en Amérique du Nord. En effet, seuls quelques colons venus du Groenland tentent leur chance sur cette nouvelle terre. De plus, les Amérindiens, qui y vivent, se montrent rapidement hostiles envers les nouveaux arrivants qui, effrayés, préfèrent abandonner le continent américain. Ainsi, la découverte de l'Amérique par Leif Ericson n'entraîne qu'une colonisation très éphémère et n'est en rien comparable au bouleversement que provoquera sa découverte par Christophe Colomb quelques centaines d'années plus tard. Équipés d'armes à feu, les Espagnols prennent le continent par la force et ouvrent la voie au commerce intercontinental et à la colonisation massive de l'Amérique par les Européens ;
- l'oubli des Vikings par le reste du monde. Après leur départ d'Amérique du Nord, les quelques familles vikings qui y étaient implantées retournent vivre au Groenland, malgré les conditions climatiques difficiles propres à cette région. La colonie créée

par Éric le Rouge reste habitée jusqu'au XIIe siècle, avant d'être finalement abandonnée à son tour. L'existence de cette région reculée et son histoire sont alors progressivement oubliés par le reste de l'Europe. Il aurait pu en aller de même avec les noms de Leif Ericson et d'Éric le Rouge si les sagas scandinaves n'en avaient pas gardé la trace. C'est d'ailleurs la redécouverte de ces textes qui a relancé l'hypothèse de la découverte de l'Amérique par les Vikings auprès des historiens au XIXe siècle. Mais ce n'est qu'à partir de 1960 et la découverte des ruines du campement de L'Anse aux Meadows par les archéologues norvégiens Helge (1899-2001) et Anne Stine Ingstad (1918-1997) que cette hypothèse a été confirmée. En effet, l'étude des vestiges architecturaux ainsi que du matériel archéologique retrouvé sur ce site confirme que le campement est d'origine viking et non indienne, comme la population locale le pensait. De plus, une datation au carbone 14 démontre qu'il a bel et bien été occupé aux environs de l'an mil, ce qui constitue la preuve ultime de la présence viking en Amérique du Nord.

Les États-Unis et la Scandinavie ont aujourd'hui remis Leif Ericson à l'honneur, en lui attribuant non seulement la découverte de l'Amérique, mais aussi la paternité symbolique de la grande communauté scandinave des États-Unis. Pour cette raison, le Congrès américain a décidé de mettre à l'honneur ce grand explorateur et toute la communauté américaine d'origine nordique, en instaurant un jour annuel de commémoration. Depuis 1964, un *Leif Erikson Day* est ainsi célébré le 9 octobre. Cette date ne correspond pas à un événement précis de la vie du navigateur viking, mais a été choisie en souvenir de l'arrivée à New York du navire *Restauration*, transportant de nombreux migrants norvégiens, le 9 octobre 1825.

EN RÉSUMÉ

Vers 970	Naissance de Leif Ericson
Vers 999	Premier voyage en Norvège
Vers l'an mil	Expédition en Amérique
Vers 1020	Mort de Leif Ericson
1960	Découverte des ruines d'un campement à L'Anse aux Meadows
2000	Voyage du navigateur danois Gunnar Marel Eggertsson

- Leif Ericson est un explorateur viking, qui a vécu autour de l'an mil de notre ère. Il est le fils d'Éric le Rouge, qui a découvert et colonisé le Groenland.

- La vie et les voyages de ces deux hommes sont narrés par les sagas scandinaves, qui retracent la vie réelle ou légendaire de personnalités vikings. Ces récits, mis par écrit plusieurs siècles après les faits, se contredisent parfois.

- Vers 999, Leif Ericson entreprend un premier voyage en Norvège, à la cour d'Olaf Ier qui s'est converti au christianisme. Sous l'influence du roi, Leif Ericson embrasse cette foi et accepte de ramener des missionnaires chez lui, au Groenland.

- Suite au récit d'un pêcheur qui s'est égaré en mer et dit avoir aperçu des côtes inconnues, le navigateur décide de se mettre à la recherche de cette nouvelle terre. Il quitte le Groenland vers l'an mil de notre ère et met le cap sur l'ouest, espérant trouver de nouvelles richesses, comme le bois, quasiment introuvable au Groenland.

- La terre découverte est baptisée Vinland en raison de la découverte de raisins sur place. Cette région, identifiée aujourd'hui comme Terre-Neuve, regorge de richesses. Leif Ericson n'y reste que quelques mois, mais plusieurs familles vikings s'y établissent.

- Un petit groupe aurait continué à explorer la région et aurait peut-être atteint l'actuelle frontière américaine, bien qu'aucun autre campement viking n'ait été retrouvé à cet endroit.

- Cette petite colonie est éphémère et les Vikings quittent le continent américain après quelques années seulement, probablement en raison d'une guerre avec les Amérindiens.

- Leif Ericson et la présence viking en Amérique du Nord ont été oubliés durant près de 1 000 ans, avant d'être redécouverts par les historiens et les archéologues grâce aux sagas nordiques.

- Aujourd'hui, les États-Unis et la Scandinavie ont remis à l'honneur le Viking, en lui attribuant non seulement la découverte de l'Amérique, mais aussi la paternité symbolique de la grande communauté scandinave des États-Unis.

POUR ALLER PLUS LOIN

SOURCES BIBLIOGRAPHIQUES

- BOYER (Régis), *Les sagas islandaises*, Paris, Payot, 1978.
- BOZELLEC (Anne), GRAVIER (Maurice) et ALBERTINI (Lucie), *La Saga d'Éric le Rouge. Contes nordiques*, Paris, Gallimard, coll. « Folio junior légendes », 1981.
- « Le Canada depuis 12 000 ans. Le Canada depuis l'origine : villages esquimaux, Indiens Iroquois, les Vikings et l'énigme du Vinland, les Français en Acadie, fouilles à Québec, les forteresses », in *Les dossiers de l'archéologie*, n° 27, 1978.
- « Leif Ericson », in *BBC*, consulté le 17/05/2014.
  http://www.bbc.co.uk/history/historic_figures/erikson_leif.shtml
- MORISON (Samuel), *The European Discovery of America. The Northern Voyages AD. 500-1600*, t. 1, New York, Oxford University Press, 1971.
- « Viking », in *BBC*, consulté le 17/05/2014.
  http://www.bbc.co.uk/history/ancient/vikings
- VINDING (Niels), *The Viking Discovery of America (985 to 1008). The Greenland Norse and their Voyages to Newfoundland*, Madison, Edwin Mellen Press, 1998.

SOURCES COMPLÉMENTAIRES

- APPS (Roy) et MARKS (Alan), *The Sagas of Leif Erikson: Outlaw's Son*, Hove, Macdonald Young Books, 1998.
- INGSTAD (Helge), *Westward to Vinland: the Discovery of Pre-Columbian Norse House-Sites in North America*, Londres, Jonathan Cape, 1969.
- MACKAY BROWN (George), *Vinland*, Londres, John Murray, 1992.

- MAGNUSSON (Magnus), *The Vinland Sagas: the Norse Discovery of America*, Baltimore, Penguin, 1965.

DOCUMENTAIRE

- *The Vikings. Voyage to America*, documentaire de Brian Leckey, avec Josh Bernstein, États-Unis, 2006.

www.50minutes.com

Éditeur responsable : Lemaitre Publishing
Rue Lemaitre 4 | BE-5000 Namur
info@lemaitre-editions.com

ISBN ebook : 978-2-8062-5464-1
ISBN papier : 978-2-8062-5642-3
Dépôt légal : D/2014/12603/59
Photo de couverture : © John K. Daniels

Conception numérique : Primento,
le partenaire numérique des éditeurs